諷詩調詩集 · 57

풍諷계戒집集 · 24

박진환 제75집

지성 · 감성의 메타언어
조선문학시인선 · 393

諷詩調詩集 · 57

풍諷계戒집集 · 24

조선문학사

■ 책머리에

풍시조(諷詩調)는 폭력에 의한 질서의 회복이다.

2014년 初夏

박 진 환

박진환 제75집 / 諷詩調詩集 · 57

풍諷계戒집集 · 24

차례

이름을 잘 지어야

세금 먹는 하마 4대강

아니지 세금이 국민 혈세 아니던가

허니, 세금 먹는 하마가 아닌 피 먹는 하마지, 이름을 잘 지어야 해

불통으로 접혀 있어서

인사 불통이면 만사가 불통일 수도
만사가 불통이면 불통으로 울타리 쳐 스스로 갇힐 수도
다행히 소통이란 약 있긴 헌데 처방전도 불통으로 접혀 있어서

민심이 곧 천심이거든

비록 통수권자, 그중 높은 웃어른이긴 하나 오기도 오기 나름 정적은 오기로 다스릴 수 있으나 하늘의 뜻은 오기론 불통, 그 불통 분통으로 터뜨려 오기부리면 백성들 등 돌려, 민심이 곧 천심이거든

만국여재홍로중이어서지

청와대 대변인 청문보고서 재송부 관련, 기자 질문 받으면서
들고 있던 메모지로 부채질, 어찌 날씨 탓이었겠나
들끓는 국민비판여론으로 나라가 온통 만국여재홍로중이어서지

※ 만국여재홍로중(萬國如在紅爐中) : 온 나라가 화로 안에 들어있는 것과 같다는 뜻으로 더위가 극심함을 이르는 말.

골인인 걸

목하 천하는 PK 세상, 정치를 축구에 비기면 게임 하나마나
심판관이 TK니 잦은 정치 반칙
PK, 페널티킥 한방이면 노골 없는 골인인 걸

책임질래

아이고, 무슨 태평성대라고 풍악은 울려, 그나마도 국회에서
허긴 세상 음악이면 짱이지, 귀만 열면 조가야현
정치소음도 귀 따가운데, 열린음악회라니 귀 떨어지면 책임질래

※ 조가야현(朝歌夜絃) : 아침 저녁, 시도 때도 없이 음악을 연주한다는 뜻.

자랑 아니거든

경찰, '세월호, 송전탑 토끼몰이' 등 불법집회 비정상 정상화 실적
자랑삼아 보도자료 내놓았던데, 어째서 하나는 알고 둘은 모르셔
경찰병력 총동원하고도 꼬리도 못잡은 유병언 도피는 자랑 아니거든

그러려니 해야지

거짓말 장관 임명되면 혹여 참말도 거짓말로 안들릴지
폭탄주 즐긴 장관 혹여 술 마셔도 안마셨다 거짓말로 통할지
허긴 정치란 게 술수, 거짓말 속임순데 그러려니 해야지

방언 취급해서

남북통일이란게 통일준비위 신설하고 책임자 만든다고 되는 걸까?

통일, 기대 · 낙관하며 정권마다 준비에 준비 거듭했지

정작 당사자인 북녘은 남녘 통일이란 말 방언 취급해서

아닐지

세상은 온통 가뭄으로 야무청초, 땅도 가슴도 타들어가는데
대통령왈 "가뭄으로 강바닥 드러나면 묵은 오물 청소할 기회"라고
농민들 가슴에 화덕 끼얹는 말씀이나 아닐지

※ 야무청초(野無青草) : 가뭄으로 인해 들에 풀이 없다는 좌전(佐傳)에 나오는 말.

했다니

7년 대한발에 중, 은 탕왕 기우제 올리며 정치무절도
탄압백성, 궁궐사치, 탐여자, 성행뇌물, 근아첨꾼 등 자책 · 반성했다던데
우리 나랏님은 "강바닥 마르면 묵은 오물 청소할 기회"라 했다니

단답이 아니거든

일 아베, 한국 구원 위한 미 해병대 출동 일본 양해 없인 불가
주일 미군, 일본에 종속됐단 말 들어본적 없는데 일이 그렇게 됐나?
헌데 정답은 미국의 의지·입장에 따라 달라질 단답이 아니거든

언행 수준

언행일치, 그거 옛말이야, 지금은 언행 따로따로야, 청와대 봐 책임진다 해놓고 행동은 없거든, 허니, 말 따로 행동 따로 따따로야 따따로가 뭔가, 어린애걸음마 아니던가, 그게 한국의 언행 수준이야

들어보겠네

정홍원 총리 인사 책임 '내 탓'이라며 사과했던데
온통 '네 탓'인 세상에 '내 탓'이라니
오랜만에 말 같은 말 들어보겠네

방아쇠 당길 수야

7 · 30 보선에 출마한 후보가 정작 자신의 투표권은 없다니, 어쩐다
금보다 아까운 그 한 표, 허나 잘 된 일, 투표는 탄환보다 강하다던데
스스로의 가슴에 겨누어 방아쇠 당길 수야

고성낙일 될 수도

여당권력 비박에 넘어가자, 청 친위내각으로 성벽 둘러
허긴, 돌로 된 성보다는 사람으로 된 성이 더 굳세서
헌데 성이란 게 방어 아닌 되레 갇혀 고성낙일 될 수도

※ 고성낙일(孤城落日) : 해질녘에 오직 한 성에 있을 뿐이란 뜻이니 스러질 때가 얼마 남지 않아 근심되고 서러운 지경을 이름.

황금

단말만 질질 흘리는 세상에 '권력의 오만'이란 쓴소리 하다니
만마디 달디단 말보다 한마디 쓴소리가 더 귀한 법
단말에 취해 못면한 귀머거리들에겐 소금, 열어 귀밝은이들에겐 황금

꼴이라니

박근혜 정부, 집권 17개월 만에 장관후보자 9명 낙마
2×9=18, 2개월에 8명꼴로 낙마했으면 꼴이 아니지
낙마도 꼴이라고 꼴값들 하고 나가떨어진 꼴이라니

불통도 있어서

옛 중국의 탕왕, 7년 가뭄에 기우제 올려 비를 내리게 했다는 고사
옛 나랏님들 큰비 · 홍수재해땐 노여움 거두시라 하늘에 빌었다는 고사
古事건, 告祀건, 하늘과 통했음인데 어쩐다, 안통하는 불통도 있어서

없겠는가

나랏님은 '네 탓', '제도 탓', '적폐 탓', 탓자 타령이고
야당은 무능 · 무기력 · 무책임, 무자 타령이고
세상이 거지같은데 어찌 각설이타령인들 없겠는가

귀한 몫이거니

불통·불통 탓하지 마시게나, 불통없이 어찌 소통의 귀함 깨닫겠는가
불행없인 행복의 귀함 못 깨닫는 이치도 그러하지 않던가
정치자각의 깨달음도 군주의 귀한 몫이거니

헛소리

세상 온통 '네 탓'인 판국에 '내 탓'도 있데
남의 탓 아닌 스스로의 잘못 '내 탓', 헌데
'내 탓'이란게 말로 하고도 말씀이 되지 못한 소리, 그것도 헛소리

이어서

1기 다음엔 2기, 2기 다음엔 3기, 3기 다음엔 4기, 그다음엔 5기
헌데 2, 3, 4기 껑충 뛰어넘어 벌써 오기
정치란 되로 주고 말로 받아야 인기짱인데 오기는 매가 서말이어서

때문이었던 걸

박근혜 정부 출범 17개월에 장관 낙마자 9명
비루 아닌 비리 먹은 말 때문인가? 서툰 승마 때문인가?
따져 뭣하겠나, 둘 다 때문이었던 걸

안압 높여

죽느냐? 사느냐? 사생결단 7·30 보선 정치판
'잘들 논다', 정작 국민들은 냉소에 식상에 사시된지 오래인데
파랑불·붉은불의 여야 시그널만 눈에 쌍불 켠채 혈안으로 안압 높여

정치거든

정치란 무엇인가? 묻지 말 것이 거짓말엔 답이 없거든
답이 없으니 물으나마나
답은 없고 문제만 있는 것이 정치거든

있지 않던가

세월호 참사 100일도 못돼 벌써 세월 저쪽행, 세월이란 게
흐르는 물과 같아서 붙들어 매려고 안간힘 할수록 유속 빨리하거든
팽목항 물길이 그걸 말해주고 있지 않던가

시침과 분침

세월이 빠르다고들 하지만, 더딘 세월에 가슴 친 이들도 있어
취임날 임기말일에 맞춰 돌렸던 MB시계, 어찌 MB 시계뿐이겠는가
빠르고 더딤이 일깨워주는 절장보단의 가윗날, 시침과 분침

※ 절장보단(絶長補短) : 긴 것을 잘라내고 짧은 것은 이어 맨다는 뜻.

기우제 안지낸 탓이지

번쩍번쩍, 우르르쾅에 비라도 쏟아지나 했더니, 웬걸
마른번개에 마른장마, 비 많이 와 넘치는 수마가 하나님 탓이라면
마른장마는 누구의 탓인가? 누구 탓이긴, 기우제 안지낸 탓이지

님이 곧 끝이었어

아무리 옳고 바른말이라도 “그만 하세요” 한마디면 끝
누구말이 그렇게 센데? 말이라니 불경스럽게, 말씀님이지
고와도 내님, 매워도 내님이라더니, 아니었어, 님이 곧 끝이었어

이스라엘인들

나치에 당한 분풀인가? 그렇게라도 풀지 않으면 못견디는 광기인가?
세계가 만행중지 외쳐대도 국경지대 스데롯 언덕에 모여
망원경 · 간이의자 · 도시락 챙겨와 즐기는 전쟁광 이스라엘인들

넘어지는 것이 당연하다

박근혜 정부 1기는 통일대박, 드레스덴 구상, 국개론, 창조경제 등 겉으론 아침 장밋빛 빛깔인데 빛깔과는 달리 실현성에선 한밤중 영국격언이던가, '어두운 곳에서 달리는 차는 넘어지는 것이 당연하다'가

같을 듯해서

스데롯 국경지대 언덕에 의자 놓고 망원경으로 가자지구 공습 즐기며
박수치고 환호하는 이스라엘인들, 그들이 정말 하나님 아들 맞을까?
지옥불 지켜보며 즐기는걸 보면 염라대왕 혈통 같을 듯해서

여 · 야도 형제여서

지난 5, 6월 국회, 법안통과 0건, 일 안하고 세비 챙기고
꿩 먹고 알 먹고, 영과 알은 생김새 비슷한 형제뻘
헌데 국회란 집안은 자두연두기 못면하고 사는 여 · 야도 형제여서

※ 자두연두기(煮豆燃豆萁) : 콩을 볶는데 콩깍지를 태워서 볶는다는
뜻으로 형제끼리 서로 싸움을 두고 한 말.

소리마저 없으니

인사실패, 총리도 비서실장도 "저의 책임"이면 말씀다운 말씀인데
말씀이란게 행동이 안따르면 소리거든, 소리에 의하여 침묵에서
탈출할 수 있다던데, 정작 탈출해야 할 분은 소리마저 없으니

그것이 말씀이다

소리 중 빈수레 · 빈깡통 · 빈바가지 소리는 요란하다
알맹이가 없기 때문인데 꽉찬 알맹이가 들어있는 소리는 쓴소리다
듣기에는 쓰지만 깨물어 맛보면 잘 익은 과일맛, 그것이 말씀이다

고연놈들

길가에 사는 연고로 공기정화를 위해 50여개의 분을 기른다
헌데 이놈들의 삐딱한 꼴이 가관이다, 주인의 야성을 닮아
그런줄 알았더니 웬걸, 주인 외면한 관변성 해바라기였어, 고연놈들

낫지 싶다

화분갈이를 하고 물을 주고 북을 하는 화분가꾸기는 놀음이 아니다
허긴 놀음으로 즐길 수 없는 기쁨을 맛본답시고, 딴엔
부지런 덕에 꽃도 보고 벗할 것도 있으니 게으름보다야 낫지 싶다

귀 열릴지

무슨 선비 흉내라고 나무 심고 가꾸고 물 주고 해쌌다
저것들도 손길을 아는지 며칠 외면하면 시큰둥에 시들해진다, 분명
말을 하고 있음인데 그말 해독 못하니 얼마를 더 닦아야 귀 열릴지

이러하거든

야성이 강할수록 항일성 또한 강한법, 어찌 초목뿐이랴?
야심도 강하면 강할수록 고갯짓 못 면하는 해바라기 닮는 걸
세상이 온통 해바라기 밭인 소의가 이러하거든

어, 어, 어

산수 맞으면 눈·귀 멍청이 돼도 생각은 곧을 줄 알았어
헌데 아니었어, 우산이란 게 비 아닌 부끄럼 가리개였어
무슨 부끄럼이 그리 많냐고? 부끄러운줄 모르는것이 부끄럼이었어

아니겠는가

돈 많고 빽 있고 힘 있는 잘난 놈들 세상에 못났다고 탓할게 없어
못난 것이 어디 탓할 일이던가, '네 탓' 보다 '내 탓' 알고 사는 삶
탓할 일 없으니 어찌 안분지족이 아니겠는가

※ 안분지족(安分知足) : 제 분수를 지키며 만족할 줄 아는 모습을 이르는 말.

체병이거든

모두 잘난 체하고 싶어 환장해 하는 세상
암만 병인 줄 아나, 체병이 더 무서운 병이야
걸렸다 하면 처방전이 없는 종신지질이 체병이거든

※ 종신지질(終身之疾) : 죽을 때까지 고칠 수 없는 질병을 말함.

이러하거니

체병에 체하면 약이 없어, 수술도 못해
욕망으로 포식한 더러운 위장, 토악질로 게워내야 해
똥보다 더 더러운 것이 체병이란 소의가 이러하거니

모르고 산다는 것

알아도 그만, 몰라도 그만이지만 딱하니 알아둘 건
몰라서는 안 된다는 것
그게 뭐냐고? 알아야 할 걸 모르고 산다는 것

진배없지

백수보다야 할 수 있는 일 있는 게 더 낫지
글쎄, 일도 일 나름, 생긴 것 없으면 안함만 못해
안함만 못한 일 하면서 일한다면 백수팔자나 진배없지

공황증 환자가 이러하지 않던가

날마다 일어나는 사건 · 사고가 없는 평온이 되레 불안하다
일어나 그러려니 기정사실화 돼야 안도의 숨을 내쉬는 정신외상
평온이 되레 불안이라니 공황증 환자가 이러하지 않던가

화면발 잘 받데

청은 진실, 적은 질투, 녹은 체념, 자는 철면피, 백은 사랑 ,흑은 죽음

색깔은 모든 말을 한다더니, 색의 언어가 이러하구나

이 중에 빛깔 하나, 2기 내각 수놓은 단일색 질투·과격의 레드

시란

사실이 아니면서 사실보다 새롭고, 사실로써는 드러낼 수 없으면서
사실에서는 체험할 수 없는 새로운 감동을 체험하게 하는
그런 지적 조작이거나 조작된 거짓말이 시다

시다

거짓말이면서 참말에서는 체험할 수 없는 감동을 체험하게 하고

진실이 아니면서 진실로써는 드러낼 수 없는 것을 드러내는

허위이면서 진실에 값하는 허위의 진술이 시다

거짓말쟁이

참말은 위대하다, 참말보다 위대한 거짓말도 있다
참말에선 체험할 수 없는 감동을 체험하게 하는 거짓말
시란 위대한 거짓말이고, 시인은 위대한 거짓말쟁이다

트럼펫엔젤

천사나팔꽃 분 하나를 얻어왔다, 때 되어 트럼펫 같은 꽃이 피었다
　귀 기울여도 천사의 나팔소리는 들리지 않았지만, 말씀 없이도
말씀이 됨과 같이 불지 않아도 천사의 노래가 들리는 트럼펫엔젤

벗하고 사는 것을

중이 고기 맛을 보면 어쩐다더니 꽃만 보면 탐을 내는 내자
형상일까? 색채일까? 자연성일까? 아무러면 어떻나
꽃을 모르고 사는 멍청이 면하고 사는 덕에 語花 벗하고 사는 것을

내가 준다

꽃을 보는 내자는 얼굴이 밝아지며 꽃을 떠나지 못한다
'꽃 좋아하시네' 속으로 뇌면서 싫지 않아 하지만
보는 것으론 성이 안찼는지 꽃을 기른다, 헌데 물은 내가 준다

착각한건 아닐지

아베의 행보에 발자국 아닌 수상한 의문부가 찍힌다
한발짝 내디딘 북·일에 이어 러·일 행보
혹여 G2를 돌아가는 고재(高哉)를 고재(高才)로 착각한건 아닐지

아니던가

대독총리 · 재생총리면 어떠랴
참사 · 참사, 참사 때마다 찾는 조문
참사 없어 조문할 일 없어지면 그게 태평연월 아니던가

개판 같아서

헐뜯기, 깎아내리기, 비판·고발하기의 선거판 풍경
한번 물었다 하면 결코 놓아주는 법이 없는 진돗개 정신
선거란 게 이전투구의 개판 같아서

가위눌림인 것을

별일 없이 조용히, 편하게 살아갈 순 없는 걸까
눈 떴다 하면 사사건건 아귀다툼에 이전투구 못 면하는 삶
눈 떴을 때뿐이랴, 단잠 꿈속에서도 아비규환, 가위눌림인 것을

악악대기만 해서

갈수록 살벌해지는 세상, 좁혀오느니 악의 포위망
선이란 게 있긴 있는 걸까? 악 없이도 존재할 수 있는 걸까?
세상이 온통 악다구니 못 면하고 악악대기만 해서

달려들고

참을 인자 세 번이면 살인도 면한다 했던가
헌데 세상 바뀌어 참을 인자 행방불명
덕은 멀리 도망쳐버리고 악은 도처에서 달려들고

표정인 것을

높고 근사한 APT에 사는 사람들은 더위 · 장마 · 한발 따윈 방언이다
납작하게 엎드려 사는 것들에게만 방언은 주어다
방언과 주어가 곧 높낮이의 표정인 것을

무슨놈의 폼

불평 · 불만만 내뱉지 말고 폼 나게 살라고?
폼 같은 소리, 재수 없이 폼에 옴 오른지 오래거든
불평 · 불만의 걸레 · 누더기 걸쳤는데 폼은 무슨놈의 폼

삶인가?

불평 · 불만만 말고 탓도 흠도 입에 담지 말고 조용히 사는
조용해서 심심하면 한사발 막걸리를 벗하는
그런 안분지족의 삶, 묻노니 바보의 삶인가? 현자의 삶인가?

이기만 버린다면

모두들 잘 먹고 잘살자 한다, 이기 아닌 순수 자연 본능
어찌 탓하겠는가, 못 먹고 못삶을 탓해야지
본능에의 충실이 곧 삶에의 충실인 것을, 이기만 버린다면

삼락인 것을

서울시 공무원들 살판났다, 시에스타
감긴 눈꺼풀 이만기장사도 못뜬다는 졸음을 즐기다니, 시에스타
쫓겨나지 않는 유일한 낙원은 낮잠, 시에스타가 삼락인 것을

배워둬야

한때 자칭 중산층이라고 목에 힘주었던 한국인
지금은 중산층 이하라고 스스로 낮추는 추세, 왜 그럴까?
계층간의 단절 이제야 깨달은 모양, 낮추는 법도 배워둬야

두 꼼수라니

이, 팔레스타인 침공, '소년들 납치 살해'는 구실
실제론 점령지 확대 노린 야욕 숨긴 꼼수
미국도 참 딱하지, 꼼수 알고도 꼼수 부리는 두 꼼수라니

역겨워

장례화환은 그렇다 치고, 먹는 음식까지 재탕이라니
장례 · 상조 · 장의 · 꽃 유통업체의 4각 비리, 그렇게 번 돈으로
뻰질나게 내보내는 광고 보면 재탕음식 때문일까? 역겨워

구원은 없다 · 1

구원은 있는 걸까? 있어 구원 받을 수 있는 걸까?
구원파 유병언 교주 죽음 속에 답이 있긴 있는데
정답은 구원은 없다

구원은 없다 · 2

유병언 죽음 DNA 확인에도 불구 의문에 의문
얼마나 정치에 속고 살았으면 과학마저도 믿지 못할까?
믿거나말거나 관심밖이지만, 믿는 것 하나, 구원은 없다

까지

사고 사고 또 사고, 꼬리에 꼬리를 물고 늘어지는 사고
사고뿐이면 좋게, 사과 · 사과 · 사과, 꼬리가 잘려나가지 않는 사과
사과가 뭐 그리 좋은 거라고 사망 · 사체 · 사전에 사형까지

허자돌림 맞네

검 · 경, 헛발질에 허탕에 허당까지
이미 죽은 목숨 두고 꼭 잡겠다 다짐에 의지까지
죽은 유병언이 산 검 · 경 가지고 논 꼴, 허 · 허 · 허, 허자돌림 맞네

그게 궁금해서

이름은 구원파인데 죽음 못 면한 유병언
허긴 구원이란 게 육신 아닌 정신이어서
허면, 그 정신 요단강 건너가 승천했을까? 그게 궁금해서

술이 망우물이거든

죽음 앞에 하고 유병언이 마신 한 병 술
하나님이 손을 잡아주지 않아서였을까, 그 손길보다
세상 시름 · 근심 · 온갖 잡사 잊고 싶어서였을까? 술이 망우물이거든

※ 망우물(忘憂物) : 시름을 잊게 하는 물건이란 뜻으로 술을 달리 이르는 말.

투표될 수도 있어서

헛발질, 허탕, 헛물에 허당까지, 검경 행보
그뿐인가, 허세 · 허명, 허수에 고고자허까지 허자돌림이 대세
헌데, 대세란게 따가운 국민 뭇시선, 총알이란 투표될 수도 있어서

못 면하고 있는 걸

코리아 3년만에 돈 콜레라 발생으로 청정국서 열외돼
허긴, 열외된 게 어찌 청정국에서 뿐이겠는가
정치·경제할 것 없이 온통 탁류 못 면하고 있는 걸

비 · 1

몰래 숨어 밤에만 오실 것 없어, 낮에 와도 돼
세상이 온통 非非非로 밤낮이 없는 캄캄한 밤인데
야행은 무슨, 낮에와 非자 탁류나 쓸어가시게나

비 · 2

세상이 온통 非非非, 밤에 몰래 온다고 피해 가겠는가
캄캄한 어둠일수록 非란 놈
제세상 만난 듯 먹물 뿌려대, 낮에 오시게나, 그래야 먹물 면해

웃음판 아닌가

유병언 죽은 시신 뉘어놓고 40일간 추적한 검 · 경
허탕에 헛발질에 헛물에 허방치기에 허탈감까지
죽은 유병언이 웃을판 아닌가, 허 · 허 · 허 · 허 · 허

요단강 건넜을까?

유병언이 찍고 간 발자국마다 의문부로 찍혀
자살이건, 타살이건, 자연사이건 오래 지워지지 않을
?????????????로 찍힌 발자국, 요단강 건넜을까?

정부에 박힐 듯싶어서

죽은 유병언이 산 경찰·검찰 여럿 목 벨 듯
여당선 '경찰 탓'으로 한정, 못 박으려 하던데, 그놈의 못이란게
국민이 내려친 못은 고스란히 정부에 박힐 듯싶어서

살다간 값 한 걸까?

어쨌다, 무능·무기력·무책임에 총체적 무능이란 혹 하나 더 붙여서
타계한 유병언 탓만 할 일 아닌 것이
국가의 총체적 무능 일깨워줬으니 살다간 값 한 걸까?

구원됐네

일단 구원을 받으면 어떤 잘못 저지르더라도 괜찮다식의 구원
죽음은 일종의 구원일지 모른다는 말도 있던데, 자실이건
타살이건, 자연사건 죽음을 구원으로 알고 갔다면 구원됐네

뒤를 돌아본 모양

인물이 없는게 아니라 인물을 보는 안목이 없어서지
천리 내다보지 못하면 천리마가 왜 필요해
잊혀진 5공인물까지 동원하는 걸 보면 앞 아닌 뒤를 돌아본 모양

왕자무친

세월호 100일이 무슨세월인가? 청사의 세월에도 달라진것 없는 법도 뭘 바뀌기 원하는가? 국가 개혁, 국가 혁신으로 바꿨다고 바뀌지나 바뀌기보다는 절대 바뀌어서는 안 될 왕자무친이 세월이어야지

갸우뚱

재활용 총리가 화두더니 이번엔 재활용 주일대사가 화두
이러다 5공으로 퇴행, 미래가 역류되는 건 아닌지, 고개 절로 갸우뚱
국가혁신이란게 이를 두고 하는 말이나 아닌지 생각도 갸우뚱

먹통

국가개혁이고 혁신이고 지시만 있고 따른이가 없다
정치가 불통인데 어찌 국민과 소통인들 되겠는가
불통도 소통도 안 되면 뭐가 될까? 답은 하나, 먹통

국민들 생각은 그렇소만

유병언 검거 사망 두고 검·경, 서로 네 탓만, 방법은 하나
'네 탓'의 책임당사자 검찰총수와 경찰총수
함께 나눠 책임지면 공평할 듯, 국민들 생각은 그렇소만

못 면하지

가계소득은 제자리걸음인데 돈 풀어 내수 진작한다고?
글쎄요? 쓸 돈이 없는데 돈만 풀어놓으면 되레 돈에 먹히지
먹히면 끝장, 가계라고 다르겠나, 돈밥 신세 못 면하지

배워가시지요

미 오바마 이스라엘 팔 공격 막을 생각은 않고, 되레
정밀 타격으로 민간인 피해 없도록 조언했다네, 오바마 선생
한국에 다시 오셔서 왕자무친 옛 왕도나 배워가시지요

살로 가거든

메밀국수철이다, 국산메밀, 중국산메밀 해쌌던데
어디산이 문젠가, 메밀맛이면 됐지
헌데 따져봤자여, 모르고 먹는 것이 살로 가거든

고갯짓만

정부는 우물쭈물
여·야는 티격태격, 검·경은 삐걱삐걱
꿀불견 지켜보며 국민은 절레절레 고갯짓만

답이 없는 문제여서

박대통령 정치 잘못하고 있다가 50%로 취임 후 최고치
거기다 지지율은 최저치인 40%, 어쩐다
최고도 문제, 최저도 문제인데 문제란게 답이 없는 문제여서

하고, 하고, 하고

청와대는 울타리 둘러 성 쌓기에 급급하고
여당은 눈치보다 눈치 9단은커녕 사시 못 면하고
야당은 생명인 야성이 퇴화된 채 중성 못 면하고

???

유병언 안잡느냐? 못잡느냐?에서 사인까지, 찍히느니 의문부
과학의 진정한 목적, 인간생활에 힘과 발견을 주는데 있다던데
발견은커녕 과학으로도 유병언 사인, 확인불가라니 ??? 찍힐밖에

남성숭배여서

유대균 호위무사 박수경 꼿꼿한 자세에 당당한 걸음걸이, 거기다
굳게 다문 입, 초롱초롱한 눈빛, 검정 옷까지 영락없는 흑기사
하나 다른 건, 기사도 7덕 중 부녀숭배가 남성숭배여서

면했겠나

검 · 경 엇박자 어디 어제 오늘만의 일이던가
불구공명이면 다툴 일 또한 없어 화음으로 엇박자 면할 것을
공 다툼하다 헛발질 · 허탕 못 면했으니 어찌 엇박잔들 면했겠나

※ 불구공명(不求功名) : 공명을 구하지 않음을 이르는 말.

꼴자 못 면해서

요즘 꼴불견 · 꼴값 · 꼴통 · 꼴찌 등등 '꼴'자 풀이 즐기던데
검 · 경 엇박자 째려보며 하는말 꼴불견, 어쩐다, 안그래도 OECD국중
단골손님 꼴찌가 코리아 몫인데 검 · 경까지 꼴불견 꼴자 못 면해서

나올듯

OECD, 한국 잠재성장률, 2031년부터 성장 멈출 것이란 분석
안그래도 꼴찌 못 면하고 사는 판에 15년 후 성장 멈추면
받아논 밥상은 꼴찌, 등외취급 받느니 차라리 열외가 나올듯

악이 되거든

정(情)의 대명사 사과상자가 근래엔 악의대명사 사과상자로 바뀌었어 상자속엔 사과 대신 이도물이 들어있기때문, 상자속 썩은사과 한알이 다른 것도 썩게 하듯, 썩은 돈뭉치가 세상을 썩게 하는 악이 되거든

•

박진환 시인은 전남 해남 출신으로 동국대 국문학과를 거쳐 중앙대 대학원을 졸업(문학박사)했다. 1960년 동아일보 신춘문예(詩) · 1963년 自由文學(문학평론)으로 문단에 데뷔했고, 국제PEN한국본부 사무국장 및 이사, 한국문협 고문을 역임했다. 제9회 시문학상, 제3회 비평문학상, 펜문학상, 윤동주문학상 등을 수상했고, 한서대학교 교수 및 예술대학원장을 역임했으며 현재 월간『조선문학』발행인 겸 주간으로 있다. 중요 저서로는 시집에『귀로』,『사랑법』,『꽃시집』,『三行詩抄』Ⅰ~Ⅺ『諷詩調』,『박진환시전집』Ⅰ·Ⅱ·Ⅲ·Ⅳ·Ⅴ·Ⅵ·Ⅶ,『物神時代』Ⅰ·Ⅱ·Ⅲ·Ⅳ·Ⅴ,『동굴일지』Ⅰ·Ⅱ·Ⅲ·Ⅳ·Ⅴ,『2012년 8월』에서『2013년 7월』까지,『풍계집·1』에서『풍계집·25』까지 76권의 시집이 있고 평론집으로『한국현대시인론』,『현대시론』,『21C시학과 시법』등 다수와『한국시의 공간구조연구』,『21C 시학』,『시창작론』,『諷詩調詩學』외 다수의 역저가 있다.

•

조선문학시인선 393

諷詩調詩集 · 57

풍諷계戒집集 · 24

2014년 8월 20일 인쇄
2014년 8월 30일 발행

지은이 / 박진환
발행인 / 박진환
펴낸곳 / 조선문학사
등록번호 / 1-2733
주소 / 120-853 서울 서대문구 통일로 389(홍제동)
전화 / 02-730-2255
팩스 / 02-723-9373

ISBN 978-89-98115-83-8

정가 10,000원